Martin Luther King Jr.

Marchar por la igualdad

WE DEMAND EQUAL RIGHTS NOW!

Stephanie E. Macceca

Asesor

Glenn Manns, M.A.
Coordinador del programa de enseñanza
de Historia de los Estados Unidos en la
Cooperativa Educativa de Ohio Valley

Créditos

Dona Herweck Rice, *Gerente de redacción*;
Lee Aucoin, *Directora creativa*; Conni Medina,
M.A.Ed., *Editorial Director*; Katie Das, *Editora
asociada*; Neri Garcia, *Diseñador principal*;
Stephanie Reid, *Investigadora fotográfica*;
Rachelle Cracchiolo, M.S.Ed., *Editora comercial*

Créditos fotográficos

portada Biblioteca del Congreso de los Estados Unidos; p.1 Biblioteca del Congreso de los
Estados Unidos; p.4 Ullstein Bild/The Granger Collection; p.5 Biblioteca del Congreso de los
Estados Unidos, LC-USZ62-122985; p.6 (izquierda) Biblioteca del Congreso de los Estados
Unidos, LOC_057135pu, (derecha) jimbowen0306/Flickr; p.7 Khlobystov Alexey/Shutterstock;
p.8 (superior) Biblioteca del Congreso de los Estados Unidos, LC-USZ62-134433, (inferior)
Eileen Meyer/Shutterstock; p.9 Keith R. Neely; p.10 Biblioteca del Congreso de los Estados
Unidos, LC-USF33-T01-001112-M1; p.11 Biblioteca del Congreso de los Estados Unidos, LC-
USF33-020522-M2; p.12 Museo Nacional de Historia Estadounidense, Institución Smithsonian;
p.13 Biblioteca del Congreso de los Estados Unidos, LC-USZ62-126559; p.14 Michael Ochs
Archives/Getty Images; p.15 (superior) Donald Uhrbrock/Getty Images, (inferior) New York
Times/Getty Images; p.16 The Granger Collection; p.17 Don Cravens/Getty Images; p.18
Biblioteca del Congreso de los Estados Unidos, LC-USZ62-125957; p.19 (superior) Wikimedia;
(inferior) Rue des Archives/The Granger Collection; p.20 Donald Uhrbrock/Getty Images; p.21
Biblioteca del Congreso de los Estados Unidos, LC-DIG-ppmsca-08129; p.22 Rue des Archives/
The Granger Collection; p.23 (superior) Associated Press, (inferior) Popperfoto/Getty Images;
p.24 JustASC/Shutterstock; p.25 Associated Press; p.26 DoD/Newscom; p.27 AFP/Getty Images;
p.28 (izquierda) Don Cravens/Getty Images, (derecha) Time & Life Pictures/Getty Image; p.29
(izquierda) Rue des Archives/The Granger Collection, (derecha) AFP/Getty Images; p.32 (superior
izquierda) Rock the Vote, (inferior izquierda) Visions of America, LLC/Alamy, (derecha) Lisa F.
Young/Shutterstock

Teacher Created Materials

5301 Oceanus Drive
Huntington Beach, CA 92649-1030
http://www.tcmpub.com
ISBN 978-1-4333-2570-0
©2011 Teacher Created Materials, Inc.

Tabla de contenido

Introducción

Martin Luther King Jr. cambió los Estados Unidos. En su época, las leyes hacían que la vida de los **afroamericanos** fuera difícil en el sur del país. Martin protestó contra estas leyes injustas. Él decía que todas las personas debían ser tratadas de la misma manera. Martin daba discursos y encabezaba marchas para hablarle al mundo de este problema.

Dato curioso

Martin también hablaba en contra de la pobreza y de la guerra.

Una manifestación contra la guerra

Martin da un discurso.

La niñez de Martin

Martin nació el 15 de enero de 1929. Vivía en Atlanta, Georgia, con sus padres y abuelos. Tenía una hermana mayor y un hermano menor. Su madre les enseñó a tocar el piano. Era maestra. Su padre era **ministro**.

La iglesia y la casa de la niñez de Martin

Dato curioso

El verdadero nombre de Martin era Michael. Su padre le cambió el nombre por Martin después de un viaje familiar por Europa. Martin tenía apenas cinco años.

Atlanta

Europa

Océano
Atlántico

El trayecto de Martin desde Atlanta, Georgia, a Europa

Martin asistió a una escuela como ésta cuando era pequeño.

Dato curioso

Martin quería ser bombero cuando fuera mayor.

Durante su niñez, a Martin le gustaba jugar fútbol americano y béisbol. También repartía periódicos. Su mejor amigo era un niño anglosajón. Cuando comenzaron la escuela, a Martin no se le permitió volver a jugar con su amigo anglosajón.

Martin reparte periódicos.

Cuando Martin era joven, los niños afroamericanos no podían ir a la escuela con los niños anglosajones. Tampoco podían ir a los mismos restaurantes. No podían usar los mismos baños. No podían beber agua de las mismas fuentes de agua. Los afroamericanos tenían que sentarse en los asientos traseros de los autobuses.

Un niño afroamericano bebe de una fuente de agua.

Las leyes que separaban a los afroamericanos de los anglosajones en los lugares públicos se llamaban leyes Jim Crow.

Un afroamericano espera el autobús.

Martin era un excelente estudiante. Terminó la escuela secundaria a los 15 años. Asistió a la universidad Morehouse, igual que su padre y su abuelo. Estudió para ser ministro. Luego continuó sus estudios. En 1955, terminó su **doctorado**.

Martin en el día de su graduación

Dato curioso

Martin saltó el noveno y el duodécimo año de la escuela secundaria.

Ayuda a los demás

Martin se convirtió en ministro en Montgomery, Alabama. Era conocido por sus maravillosos discursos. Protestaba contra las leyes que eran injustas para los afroamericanos. Él quería cambiar las leyes. Se convirtió en un líder de los **derechos civiles**. Los derechos son cosas que hacen la vida justa para todos.

Martin da un discurso.

Martin habla en una iglesia.

Dato curioso

Al principio, Martin pensó en ser abogado o médico.

Rosa sentada en la parte delantera de un autobús público

Un día de 1955, Rosa Parks se sentó en la parte delantera de un autobús en Montgomery. Era ilegal que una persona afroamericana se sentara en la parte delantera. Pero Rosa no estaba dispuesta a ir a la parte trasera del autobús. La policía la llevó a la cárcel. Martin dijo que esto era injusto. Les pidió a todos los afroamericanos que **boicotearan** a los autobuses, o que dejaran de tomarlos.

Miles de personas boicotearon los autobuses. Esto le costó mucho dinero a la compañía de transporte público.

El boicoteo duró más de un año. Finalmente, la ciudad aceptó dejar que los afroamericanos se sentaran donde quisieran. El plan de Martin había funcionado. Pero era necesario cambiar más leyes. Algunas personas querían luchar para lograr el cambio. Pero Martin sólo estaba dispuesto a usar métodos **pacíficos**.

Unos afroamericanos y un hombre anglosajón viajan sentados en la misma parte del autobús.

Martin conoció a Mohandas Ghandi en India. Ghandi tampoco creía en la violencia.

Un grupo de personas marchan en apoyo a Martin.

Arrestan a Martin después de una protesta.

En marcha

Entre 1957 y 1968, Martin recorrió los Estados Unidos. Ayudó a los afroamericanos a registrarse para votar. Dio discursos y encabezó marchas contra las leyes injustas. También lideró una gran **manifestación** en Birmingham, Alabama. Debido a su trabajo, fue a la cárcel varias veces.

Martin recorrió más de seis millones de millas. Él dio más de 2,500 discursos.

En 1963, Martin encabezó una marcha en Washington, D.C. Ese día, marcharon más de 250,000 personas. En las escaleras del monumento a Lincoln, Martin dio su discurso más conocido. Él habló acerca de sus sueños para los Estados Unidos. Dijo que quería que todos los estadounidenses tuvieran las mismas libertades.

Martin da su famoso discurso, conocido como "Yo tengo un sueño".

Esta marcha resultó en la sanción de la Ley de Derechos Civiles, la cual hizo que la **igualdad** fuera una ley.

El presidente Johnson firma la Ley de Derechos Civiles.

El sueño de Martin

Las ideas de Martin hicieron a algunas personas furiosas. Muchas personas del sur del país querían que los afroamericanos y los anglosajones siguieran separados. No querían que las leyes cambiaran. El 4 de abril de 1968, uno de estos hombres le disparó a Martin. Martin murió a los 39 años.

Periódico del día en que asesinaron a Martin

La familia de Martin en su funeral

El mundo recuerda a Martin Luther King Jr. como un héroe. Cada enero, los Estados Unidos celebra su cumpleaños. Martin tuvo el sueño de que un día todas las personas serían tratadas igual. Él dio su vida para que ese sueño se convirtiera en realidad.

El presidente Ronald Reagan firmó una ley para convertir el Día de Martin Luther King Jr. en día festivo federal.

Dato curioso

Martin Luther King Jr. ganó el premio Nobel de la Paz. Fue la persona más joven en recibir este premio.

Línea del

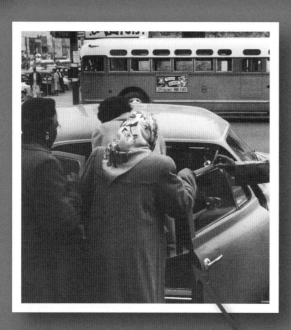

1929

Martin Luther King Jr. nace en Atlanta, Georgia.

1955

En Montgomery, Alabama, comienza el boicoteo a los autobuses.

1963

Arrestan a Martin.

tiempo

1963

Martin da el discurso conocido como "Yo tengo un sueño" en Washington.

1964

Se sanciona la Ley de Derechos Civiles.

1964

Martin gana el premio Nobel de la Paz.

1968

Martin es asesinado el 4 de abril, a los 39 años.

Glosario

afroamericanos—personas nacidas en el continente americano con familia que vino de África

boicotear—no comprar productos o no hacer negocios

derechos civiles—derechos que tienen todos los ciudadanos

doctorado—título universitario más alto

igualdad—situación en que las personas de distintos grupos tienen los mismos derechos

leyes Jim Crow—leyes que mantenían la desigualdad entre las personas afroamericanas y las personas anglosajonas

manifestación—actos o palabras que muestran desacuerdo con respecto a algo

ministro—líder religioso

pacífico—sin violencia

Índice

Estadounidenses de hoy

"Rock the Vote" es un grupo de personas interesadas en los derechos civiles. Los miembros de este grupo creen que todas las personas deben ser tratadas por igual. El objetivo del grupo es educar a los jóvenes y alentarlos a que voten.